개정 수학교과서 관련
3학년 1학기
6. 분수와 소수
3학년 2학기
4. 분수

와이즈만 수학동화
소원 들어주는 음식점

1판 1쇄 발행 2014년 8월 4일
1판 8쇄 발행 2024년 12월 13일

서지원 글 | 원혜진 그림 | 와이즈만 영재교육연구소 감수

발행처 | 와이즈만 BOOKs
발행인 | 염만숙
출판사업본부장 | 김현정
편집 | 양다운 이지웅
디자인 | 이재경
마케팅 | 강윤현 백미영 장하라

출판등록 | 1998년 7월 23일 제1998-000170
제조국 | 대한민국
사용 연령 | 9세 이상
주소 | 서울특별시 서초구 남부순환로 2219 나노빌딩 5층
전화 | 마케팅 02-2033-8987 편집 02-2033-8983
팩스 | 02-3474-1411
전자우편 | books@askwhy.co.kr
홈페이지 | mindalive.co.kr

저작권자 ⓒ 2014 서지원 원혜진
이 책의 저작권은 서지원 원혜진에게 있습니다.
저자와 출판사의 허락 없이 내용의 일부를 인용하거나 발췌하는 것을 금합니다.

이 도서의 국립중앙도서관 출판시도서목록(CIP)은 서지정보유통지원시스템 홈페이지
(http://seoji.nl.go.kr)와 국가자료공동목록시스템(http://www.nl.go.kr/kolisnet)에서
이용하실 수 있습니다.(CIP 제어번호 : 2014022042)

* 와이즈만 BOOKs는 ㈜창의와탐구의 출판 브랜드입니다.

소원 들어주는 음식점

서지원 글 | 원혜진 그림 | 와이즈만 영재교육연구소 감수

와이즈만 BOOKs

분수를 통해 나눔을 알려 주는
바리데기 음식점

여러분은 '바리데기 이야기'를 한 번쯤 들어 보았을 거예요.

옛날 아주 오랜 옛날, 천별산을 다스리는 오구대왕이 살았답니다. 어느 날, 오구대왕은 길대부인을 왕비로 맞았지요. 일 년 후에 결혼을 해야 왕자를 낳을 수 있다고 점쟁이가 말했지만, 오구대왕은 무시하고 결혼을 했습니다.

점쟁이의 말을 따르지 않아서였을까요? 길대부인은 아들을 낳지 못하고 딸만 여섯을 낳았고, 일곱째마저 딸이었습니다. 오구대왕은 화가 나서 일곱 번째 딸을 '바리데기'라고 이름을 지었습니다. 바리데기란 '버린다'는 뜻이었지요. 그 이름처럼 바리데기는 흐르는 강물에 버려졌습니다. 하지만 마음씨 좋은 부부에게 거둬져 길러지게 됩니다.

세월이 흐르고 흘러 바리데기가 어여쁜 처녀가 되었을 즈음, 오구대왕과 길대부인은 죽을병에 걸리고 맙니다. 점쟁이에게 물어보니 저승에 있는 생명수를 구해 마시면 나을 수 있다고 했지만, 여섯 공주는 누구도 저승에 가려고 하지 않았습니다. 바리데기는 이 소식을 듣고 자신을 버린 부모를 위해 무섭고 험한 저승길로 갔습니다. 바리데기는 저승에서 한 남자를 만나게 됩니다. 그 남자를 위해 바리데기는 7년 동안 밥과 빨래를 해 주고, 아이 일곱을 낳아 줍니다. 그러고 나서 약수와 개안초, 뼈살이꽃, 살살이꽃, 피살이꽃을 구해 죽어 버린 부모를 다시 살려 냈답니다.

그 후 오구대왕은 바리데기를 공주로 맞아들입니다. 나중에 바리공주는 죽은 영혼을 저승으로 인도하는 수호신이 됩니다. 그래서 죽은 사람의 슬픔과 아픔, 모든 죄업을 닦아 주는 일을 하게 된답니다.

이것이 '바리데기 이야기'입니다. 까마득한 옛날부터 입에서 입으로 전해 내려오던 이야기지요.

이제 저는 어른이 되어 바리공주의 뒷이야기를 쓰게 되었습니다. 할머니가 된 바리공주가 저승 가는 길목에서 음식점을 한다는 이야기로요. 그곳은 허름하지만, 죽은 영혼의 아픔과 슬픔, 죄업을 닦아 주는 음식점이지요.

바리데기 할머니는 죽은 영혼의 소원을 이뤄 줄 때 분수를 사용한답니다. 여러분도 '바리데기 이야기'를 통해 분수 속에 담겨 있는 고결한 나눔의 정신을 배웠으면 좋겠습니다.

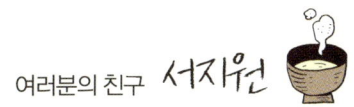

여러분의 친구 서지원

 작가의 글 _ 분수를 통해 나눔을 알려 주는 바리데기 음식점 – 4
나오는 사람들 – 8

저승으로 가는 길 – 10
바리데기 음식점

첫 번째 손님 이야기 – 20
소녀의 소원

똑같이 나누기

두 번째 손님 이야기 – 42
사냥꾼의 후회

전체와 부분의 크기

세 번째 손님 이야기 - 58
'부분모여전체' 완두콩 밴드
분수

네 번째 손님 이야기 - 78
턱 빠진 뚱보 왕
분모가 같은 분수의 크기 비교

이승으로 가는 길 - 96
다시 살아난 소녀
분모가 다른 분수의 크기 비교

나오는 사람들

바리데기 할머니
저승길에 오른 영혼들을 위해 음식을 만드는 '바리데기 음식점'의 주인입니다. 할머니는 이승에서 가장 행복했던 기억을 양념 삼아 요리를 만듭니다. 영혼들이 그 요리를 먹으면 가파른 저승길을 걸어갈 힘을 얻게 되지요.

소녀
소녀는 비가 엄청 쏟아지던 날, 공장에서 일하는 엄마에게 우산을 가져다주려고 가다가 그만 교통사고를 당하고 맙니다.
저승으로 온 영혼은 이승으로 돌아갈 수 없는데, 바리데기 할머니를 찾아온 이 소녀는 앞으로 어떻게 될까요?

사냥꾼
덥수룩한 수염에 키가 무척 큰 사냥꾼입니다. 사냥꾼은 살아 있을 때 닥치는 대로 산짐승들을 잡았다며 할머니에게 자랑하지만, 할머니의 음식을 먹고 나서 자신이 죽인 동물들한테 용서를 빌고 싶어 합니다.

뚱보 왕
이승에서 천 명의 신하, 만 명의 백성들을 거느렸던 왕입니다. 온종일 먹고 싶은 음식을 마음껏 먹고, 너무 편하게 살다가 병에 걸려 죽고 말았습니다. 뒤늦게 백성들을 위해 아무것도 한 일이 없다는 걸 후회하게 됩니다.

완두콩 밴드

별로 유명하지 못했던 일곱 명의 연주자들입니다. 한 사람 한 사람마다 연주 실력은 좋은데, 이상하게도 함께 연주만 하면 엉망진창이 된다면서 할머니에게 하소연합니다. 밴드는 할머니의 음식을 먹고 그 이유를 알게 될까요?

저승사자

검은 도포에 삿갓을 쓰고 무시무시한 표정으로 영혼들을 지옥으로 끌고 가는 일을 합니다. 죽은 사람이 저승 문을 빠져나갈 방법을 아는 유일한 인물이지요.

저승 개

머리가 아홉 개나 달린 무시무시한 괴물 개 때문에 어느 누구도 저승을 빠져나올 수 없습니다. 어떻게 저승 개를 따돌릴 수 있을까요?

저승으로 가는 길
바리데기 음식점

땅속 밑에는 또 하나의 세상이 있습니다. 사람들은 그곳을 '저승'이라고 하지요.

땅 위에 사는 사람들은 종종 땅속 저승의 모습을 상상하곤 합니다.

'저승에는 누가 살까? 무시무시한 괴물이 살진 않을까? 뜨거운 지옥 불구덩이나 까마득한 낭떠러지가 있는 것은 아닐까?'

하지만 산 사람은 아무도 저승에 대해 알 수가 없습니다. 사람은 반드시 죽어야만 갈 수 있는 곳이니까요. 사람이 일단 죽고 나면 어른, 아이 할 것 없이 누구든 그곳으로

저승 : 사람이 죽은 뒤에 그 혼이 가서 산다고 하는 세상

가야 합니다.

　　절대 예외는 없지요.

　　만약 저승에 가기 싫어하는 사람이 있다면 큰일이 난답니다. 검은 옷에 차가운 눈, 무시무시한 표정의 저승사자가 눈

　✋ **저승사자** : 저승에서 염라대왕의 명을 받고 죽은 사람의 넋을 데리러 온다는 심부름꾼

을 부릅뜨고 찾기 때문이지요. 만약 저승사자에게 들키기라도 하는 날에는 꼼짝없이 저승으로 끌려가게 된답니다.

처음 저승 입구로 오게 된 영혼들은 당황해서 어쩔 줄 모릅니다.

"댁은 어쩌다가 왔소?"

"난 자다가 여기로 오게 됐다오. 지금쯤 자식들이 몹시 슬퍼하고 있겠지."

"쯧쯧, 인사도 못 했겠구려."

"자식들에게 잘 살라는 말 한마디만 전해 주고 싶은데……."

"굳이 말하지 않아도 알 거요."

하지만 영혼들은 시간이 지나면서 자신이 죽었고, 영영 세상으로 돌아갈 수 없다는 것을 받아들이게 되지요.

"여기가 바로 저승이란 곳인 모양이오. 생각보다 나쁘진 않군."

"저승은 구름으로 가득할 줄 알았는데, 아니군."

저승에 들어선 영혼은 염라대왕이 있는 염라국까지 걸어가야 합니다. 이승에서 제아무리 대단한 사람이었다 하더라도 예외는 없습니다.

죽은 사람은 누구든 몸에 걸친 옷 한 벌만 입고, 맨발로 염라대왕 앞까지 걸어가야 합니다. 이때 자신이 가장 아끼던 걸 딱 한 가지만 들고 갈 수 있습니다.

"아이고, 다리야. 차라도 탔으면 좋겠네."

"차비는 있고?"

"……없소. 저승에 딱 한 가지만 가져올 수 있다고 해서, 내가 가장 아끼던 반지 하나만 들고 왔다오."

"나도 그렇소. 그래서 난 안경을 들고 왔지."

이승에서 아무리 부자였더라도 저승으로 갈 때는 가장 아끼던 것 하나만 가지고 갈 수 있습니다. 이것은 그 누구도 어길 수 없는 법이지요.

우둘투둘 가파르고 험한 길을 걷다 보면 다리가 후들거리고, 배가 고파 올 겁니다. 하지만 걱정하지 않아도 됩니다. 조

🌸 **염라대왕** : 죽은 사람들이 살았을 때 착한 일을 했는지, 나쁜 일을 했는지 심판하는 저승의 왕

🌸 **이승** : 지금 살고 있는 세상

금만 참고 가다 보면 음식점 하나를 발견하게 되니까요. 그곳에서 음식을 먹고 나면 거짓말처럼 힘이 샘솟는 것을 느끼게 된답니다.

"어? 저기 음식점이 있네?"

"배고프던 참에 잘됐네요. 일단 들어갑시다!"

"그런데 우린…… 가진 돈이 한 푼도 없잖소."

영혼들이 음식점 앞에서 머뭇거리고 있을 때였습니다.

음식점 안에서 낮고 거친 목소리가 흘러나왔지요.

"걱정 마시게나. 우리 음식점은 돈을 받지 않는다네."

목소리의 주인은 굽은 허리에 퀭한 눈, 희끗희끗한 흰머리의 할머니였습니다.

할머니의 이름은 '바리데기'. 누구든 한 번 맛을 보면 입을 쩍 벌리게 만드는 대단한 요리사이지요.

"음식 값은 필요 없다네. 대신 이승에서 가장 행복했던 기억을 나한테 들려주시게나. 그러면 나는 그 기억을 양념 삼아서 요리를 만들 거라네."

"가장 행복했던 기억요?"

"내가 가장 행복했던 때는……."

영혼들은 눈을 감고 행복했던 때를 떠올렸습니다. 그러자 모두들 입가에 미소가 떠오르고, 가슴이 따뜻해지는 느낌이 들었지요.

할머니는 '옳지, 옳지!' 하면서 그 모습을 지켜보았습니다.

한참 후, 영혼들은 가장 행복했던 순간을 이야기하기 시작했습니다.

"난 처음 집을 장만했을 때가 가장 행복했던 것 같아. 고생한 아내와 함께 덩실덩실 춤을 추며 기뻐했지. 그 집은 비록 작고 허름했지만……."

"난 내 아들이 태어났을 때가 가장 행복했어요. 세상을 다

얻은 듯 기뻤지요. 아직도 그 작고 귀여운 손을 떠올리면 가슴이 설레고 힘이 솟아요."

영혼들의 이야기를 들은 할머니는 행복했던 기억을 양념으로 만들어 맛있게 요리를 합니다.

시간이 오래 걸리지는 않습니다. 잠시 눈을 감고 기다리면 으리으리하고 맛난 음식들이 눈앞에 뚝딱 나타나거든요.

"할머니, 잘 먹겠습니다."

"정말 맛있을 것 같군요, 고맙소."

영혼들은 그 음식을 먹고 기운을 내 염라대왕을 찾아간답니다.

첫 번째 손님 이야기
소녀의 소원

똑같이 나누기

그날은 폭풍이 몰아치던 날이었습니다.

밤톨처럼 굵은 장대비가 우수수 쏟아졌습니다.

거센 바람에 나무가 흔들리고 하늘이 무너질 듯 요란하게 천둥소리가 울려 댔습니다.

바로 그날, 와서는 안 될 손님 한 사람이 바리데기 할머니의 음식점을 찾아왔습니다.

할머니는 허리를 구부정 굽힌 채로 아궁이 앞에 쪼그리고 앉아 음식을 만들고 있었습니다. 발걸음 소리에 놀란 할머니는 두 눈을 휘둥그레 치켜떴습니다.

문 앞에 한 소녀의 그림자가 어른거렸습니다.

소녀는 매우 지친 표정이었습니다. 소녀의 품에는 헝겊 인형 하나가 안겨 있었는데, 아마도 그건 소녀가 가장 아끼던 물건 같았습니다.

"어서 오너라."

할머니가 인사했지만, 소녀는 대꾸도 하지 않았습니다.

겁에 질린 듯 벙어리처럼 입을 꾹 다문 채 인형만 끌어안고 있었지요.

"배고프지 않니?"

"……."

"이리 와 앉아라. 따뜻한 국밥 한 그릇 내어 주마."

할머니가 말했지만, 소녀는 꼼짝하지 않았습니다. 돈이 없으니 선뜻 먹을 것을 달라고 말하지 못하는 것이었지요.

바리데기 할머니는 인자하게 웃으며 말했습니다.

"돈이 없어 그러니? 걱정할 거 없다. 네게 아주 행복한 기억이 있다면 그걸로 충분해."

바리데기 할머니는 따뜻한 차를 내어 주었습니다.

그런데 소녀는 그 차를 마시지 않고 물끄러미 바라보기만 했습니다.

"왜 그러니?"

"할머니, 너무 무서워요. 아무것도 모르겠어요. 밤에 비가 와서 엄마를 기다리려고 밖으로 나왔는데……."

소녀의 눈에서 구슬 같은 눈물이 뚝 떨어졌습니다.

"음……. 마음을 가라앉히고 천천히 기억을 떠올려 보렴."

소녀는 고개를 가로저었습니다. 소녀는 자신이 어디서 왔는지, 무엇을 좋아했는지, 좋아하던 사람이 누구였는지, 전혀 기억이 나지 않는다며 고개를 푹 숙였습니다.

바리데기 할머니는 어떻게든 소녀의 잃어버린 기억을 찾아 주고 싶었습니다. 그러나 방법이 떠오르지 않았지요. 할머니는 끙 소리를 내며 생각에 잠겼습니다.

그때였습니다.

눈을 감고 기억을 떠올리려고 애쓰던 소녀가 말했습니다.

"엄마! 우리 엄마가 기억나요."

"엄마의 모습이 전부 기억나니?"

"……아니요."

소녀는 자신의 머리를 쓰다듬어 주던 엄마의 손밖에 기억이 나지 않는다며 고개를 떨구었습니다.

할머니는 소녀의 어깨를 다독이며 말했습니다.

"천천히 기억을 떠올려 보렴. 엄마의 머리카락의 색은 어땠니? 엄마의 눈동자는? 입이랑 코는 또 어땠을까? 부분을 떠올리다 보면 전체가 다 떠오를 거야."

소녀는 기억을 더듬으려고 애썼습니다.

그 사이, 할머니는 소녀 앞으로 뜨끈뜨끈한 국밥을 내밀었습니다.

"애야, 작은 부분들이 모여 전체를 이루는 거란다. 부분은 전체를 이루는 작은 것들이거든. 밥값은 걱정 말고 먹으렴. 너는 꼭 엄마를 떠올릴 수 있을 거야."

할머니는 소녀에게 복숭아를 한번 떠올려 보라고 했습니다. 그리고 껍질, 알맹이, 씨앗은 복숭아의 한 부분이고, 그런 부분들이 모여 동그랗고 탐스러운 복숭아가 된다고 했지요.

"복숭아 껍질이랑 알맹이, 그리고 씨앗을 모두 합쳐야 복숭아가 되듯이, 각각의 부분들을 합쳐야 전체가 되는 거란다. 부분들을 떠올릴 수 있다면, 너는 반드시 전체를 기억할 수 있을 거야."

"고마워요, 할머니."

소녀는 국밥을 떠먹기 시작했습니다. 쌀알을 꼭꼭 씹어 꿀꺽 삼켰더니 가슴이 후끈후끈 달아오르고, 얼어붙었던 피가 온몸을 힘차게 도는 듯했습니다.

소녀는 눈을 감고 숨을 깊이 들이마셨습니다.

"아! 조금씩 기억이 나요. 엄마의 머리카락은 까맣고 비단결처럼 고왔어요. 눈썹은 아주 검었고, 눈동자는 갈색이었지요. 입술은 도톰했고, 코는 화살처럼 쪼뼷하고 높았어요. 그리고 귓불이 방울처럼 동그랬지요. 손톱은 반달 모양으로 가지런히 나 있었고요."

소녀는 눈을 떴습니다.

모락모락 피어오르는 국밥 속에 엄마의 얼굴이 어른거렸습니다.

"우리 엄마예요!"

소녀가 외쳤지요.

소녀의 엄마는 소녀가 좋아하는 떡을 만들고 있었습니다.

"아, 제가 좋아하는 떡이에요. 엄마는 저를 잊지 않으셨나 봐요."

할머니는 엄마가 만드는 떡과 똑같은 모양의 떡을 소녀 앞에 내놓았습니다.

그 떡은 사각형 모양이었습니다.

"이 떡을 똑같이 둘로 나눠 볼 수 있겠니?"

"둘로요?"

소녀가 머뭇거리자, 할머니는 떡을 반으로 나누었습니다.

"어때, 똑같이 나뉘었지?"

"정말 그러네요! 나눠진 떡의 모양과 크기가 같아요!"

소녀의 눈에 떡이 소녀를 향해 방긋 웃는 것 같았습니다.

소녀와 할머니는 떡을 맛있게 먹었습니다.

"아, 엄마가 해 주셨던 맛 그대로예요. 엄마가 만들어 주셨던 백설기도 먹고 싶어요."

할머니는 미소를 지어 보이고는 부엌에서 삼각형 모양의 딸기 백설기를 들고 나왔습니다.

"이 백설기도 똑같이 둘로 나눠 보렴."

소녀가 백설기를 나누자, 할머니는 고개를 저으며 말했습니다.

"이건 똑같이 나눈 게 아니란다. 나눠진 두 부분의 모양과 크기가 서로 다르지 않니? 모양과 크기가 똑같게 나눠야만 해."

"어떻게 나눠야 할지 잘 모르겠어요."

소녀가 머리를 긁적거렸습니다.

"어려운 게 아니란다. 똑같이 나눠진 도형은 모양과 크기가 똑같지. 그러니까 똑같이 나누려면 포개 보면 돼. 포개었을 때 모양과 크기가 똑같으면 똑같이 나눈 것이란다."

소녀는 다시 백설기를 둘로 나누었습니다.

"나눠진 두 부분의 모양과 크기가 서로 같아요!"

"잘했다. 금방 배우는구나."

할머니는 소녀를 칭찬해 주었습니다.

소녀와 할머니는 딸기 백설기를 맛있게 먹었습니다.

"엄마가 만들어 주셨던 맛 그대로예요. 엄마가 만들어 주셨던 빵도 먹어 봤으면……."

할머니는 다시 사각형 모양의 빵을 내놓았습니다.

그때, 문으로 사슴 한 마리가 살며시 들어왔습니다.

"이번에는 똑같이 셋으로 나눠 보자꾸나."

"이젠 잘할 수 있어요. 나눠진 세 부분의 모양과 크기가 같도록 잘라 볼게요."

소녀와 할머니, 사슴은 사이좋게 빵을 나누어 먹었습니다.

할머니는 부엌에서 노릇노릇하게 구워진 파전을 얼른 가져왔습니다.

"아주 먹음직스럽지? 이번에도 셋으로 나눠 볼까?"

"이상해요. 나눠진 세 부분의 모양과 크기가 다른데요?"

"엄마 아빠와 함께 파전을 먹었던 때를 떠올려 보렴. 어떻게 똑같이 셋으로 나누었지?"

"아! 맞다!"

소녀는 엄마가 했던 것처럼 가위로 파전을 잘랐습니다.

"나눠진 세 부분의 모양과 크기가 같아요!"

"옳지, 잘했구나. 그렇게 하는 거란다."

소녀와 할머니, 사슴은 파전을 맛있게 나누어 먹었습니다.

그때 창문으로 새 한 마리가 포르르 날아 들어왔습니다.

"이번에는 사각형 과자와 삼각형 과자를 똑같이 넷으로 나눠 보거라."

소녀는 사각형 과자를 넷으로 나누었습니다. 소녀는 나눠진 네 부분의 모양과 크기가 같도록 하는 것을 잊지 않았지요.

그런데 소녀가 삼각형 과자를 넷으로 나누려고 하자, 고개를 갸우뚱했습니다. 어떻게 나누어야 할지 몰랐던 것입니다.

"아까 내가 가르쳐 주었던 말 기억나니?"

할머니가 물었습니다.

"무슨 말이요?"

"똑같이 나눠진 것은 모양과 크기가 똑같다고 그랬지?"

"네."

"똑같이 나누려면 서로 포개어 모양과 크기가 똑같으면 되는 거란다. 그러니까 나눠진 부분을 서로 포갰을 때 완전히 겹쳐져야 해."

"나눠진 네 부분의 모양과 크기가 똑같게 나눴어요!"

소녀가 외쳤습니다.

"잘했다! 어려운 것도 잘 해내는구나."

소녀와 할머니와 동물들은 과자를 나누어 먹었습니다.

"이제 내 일을 좀 도와주련? 부엌 선반에서 똑같이 셋으로 나눠진 것을 골라 오렴."

소녀는 부엌으로 가서 선반을 올려다보았습니다.

"똑같이 셋으로 나눠진 것은 무네. 다른 것들은 모양과 크기가 다르기 때문에 똑같이 나눠진 게 아니야."

할머니는 또 심부름을 시켰습니다.

"이번에는 똑같이 넷으로 나눠진 것을 골라 오렴."

소녀는 식빵을 가지고 왔습니다.

"잘했구나. 넌 정말 똑똑한 아이야."

할머니는 부엌으로 가서 부지런히 음식을 만들었습니다.

모락모락 피어오르는 김 속에 엄마의 얼굴이 어른거렸습니다.

"엄마, 보고 싶어요……."

소녀는 엄마의 얼굴을 물끄러미 바라보았습니다.

할머니는 소녀의 머리를 쓰다듬으며 웃었습니다.

"넌 엄마랑 함께 있었을 때가 가장 행복했던 기억인 게로구나."

"맞아요. 우리 엄마랑 있을 때가 제일 좋았어요."

"그래, 그래."

할머니의 손이 소녀의 머리카락을 쓰다듬었습니다.

"할머니, 전 이제 어떻게 돼죠?"

"이 길을 쭉 따라가다 보면 염라대왕이 사는 궁궐이 나오지. 그곳에 도착하면 저승사자들이 널 마중 나올 거란다."

"그리고요?"

"저승사자를 따라 들어가면 염라대왕이 기다리시고 있을 거야. 염라대왕은 네가 살아 있는 동안 얼마나 착한 일을 많이 했는지, 얼마나 못된 일을 많이 했는지 따져 물으실 거란다. 그리고 널 지옥으로 보낼지, 천당으로 보낼지 결정하시겠지."

"그럼 엄마를 다시는 볼 수 없는 건가요?"

"세월이 아주 많이 흘러서 네 엄마도 이곳으로 오게 된다면 그땐 볼 수 있으려나……."

할머니의 말에 소녀는 울음을 터트렸습니다.

바리데기 할머니는 소녀를 안타까운 듯 바라보았습니다.

두 번째 손님 이야기
사냥꾼의 후회

전체와 부분의 크기

덜컹, 덜컹.

문이 흔들리더니, 누군가 안으로 성큼 들어왔습니다.

덥수룩한 수염에 키가 무척 큰 남자였지요. 남자는 가슴팍에 사냥총을 꼭 끌어안고 있었습니다.

"밥 주시오, 밥!"

음식점 안으로 들어온 남자는 다짜고짜 할머니에게 밥을 달라고 했습니다.

할머니가 메뉴판을 들고 가서 무엇을 주문할 거냐고 묻자, 남자는 따뜻한 국밥 한 그릇을 먹고 싶다고 했습니다.

"이승에서 무얼 하다 오셨소?"

바리데기 할머니가 음식을 준비하며 물었습니다.

"나는 사냥꾼이었소. 이 산, 저 산을 다니며 산짐승들을 잡았지요."

남자는 자신이 아주 실력 좋은 사냥꾼이었다며 뽐내듯 말했습니다.

할머니는 가장 행복했던 때가 언제였냐고 물었지요.

"내가 가장 행복했던 때는 지난겨울, 숲으로 사냥을 갔을

때였소. 그땐 사냥이 어찌나 잘되던지 오리 열 마리, 멧돼지 스무 마리, 노루 삼십 마리를 잡았지요. 그뿐이 아니었소. 꿩 사십 마리, 토끼 오십 마리, 청설모 육십 마리도 잡았지요."

"당신 손에 잡혀 죽은 동물들한테 미안하지는 않았소?"

할머니가 묻자, 사냥꾼은 고개를 떨어뜨리며 괴로운 표정을 지었습니다.

"예전엔 몰랐는데, 막상 내가 죽고 보니까…… 나 때문에 죽은 동물들한테 무척 미안해졌소이다. 할 수만 있다면 내가 죽인 동물들한테 용서를 빌고 싶소. 그러면 마음이 좀 더 편할 텐데……."

"방법이 아주 없는 건 아니지."

할머니는 죽은 동물들의 넋을 불러낼 수 있다고 했습니다.

그러자 사냥꾼이 솔깃한 표정으로 눈을 깜빡였습니다.

"죽은 동물을 불러내려면 동물의 부분이 있어야 하는데 어쩌나……."

바리데기 할머니가 말했습니다.

"네? 부분이라고요?"

"그럼, 부분을 잘 보면 전체를 알아맞힐 수 있잖소. 부분이 모여 전체를 이루기 때문이오. 멧돼지 코는 멧돼지를 이루는 부분이고, 잠자리 날개는 잠자리를 이루는 부분이고, 새의 부리는 새를 이루는 부분인 것처럼요."

"오, 정말 그렇군요."

"하지만 부분을 보고 전체를 알아맞히려면 먼저 전체의 특징을 잘 알아야겠지요."

할머니는 사냥꾼에게 멧돼지를 한번 그려 보라고 했습니다.

사냥꾼은 종이에 멧돼지를 그렸습니다.

그러자 할머니는 종이를 반으로 접은 다음에 둘로 나누었습니다.

둘로 나눠진 종이 속의 멧돼지가 사냥꾼을 향해 슬프게 눈물을 흘리는 것 같았습니다.

"멧돼지의 한 부분 은 멧돼지 전체 를 똑같이 2로 나눈 것 중의 1이요. 사냥꾼 양반, 혹시 전체와 부분의 크기를 비교할 때에 어떻게 하는지 아시오?"

사냥꾼은 고개를 갸웃거렸습니다.

할머니는 동그란 종이를 주며, 이번에는 사냥꾼에게 토끼를 그려 보라고 했습니다.

사냥꾼이 토끼를 그리자, 할머니는 동그란 종이를 반으로 접은 다음에 둘로 나누었습니다.

둘로 나눠진 종이 속의 토끼가 슬프게 흐느끼는 것 같았습니다.

"부분 은 전체 를 똑같이 2로 나눈 것 중의 1이요. 이제 전체와 부분의 크기를 비교할 때에는 어떻게 하는지 아시겠소?"

"아, 알겠습니다! 전체와 부분의 크기를 비교할 때에는, 나눈 부분의 모양과 크기가 모두 똑같아야 하는 거로군요."

사냥꾼이 고개를 끄덕였습니다.

할머니가 토끼가 그려진 동그란 종이를 넷으로 나누고, 그 중 한 조각을 잘라 사냥꾼에게 내밀었습니다.

"이건 무엇이겠소?"

"그건 동그란 종이를 똑같이 4로 나눈 그림 가운데 하나지요."

할머니는 고개를 끄덕이고는 말을 이었습니다.

"부분 은 전체 를 똑같이 4로 나눈 것 중의 1이라오.

부분 은 전체 를 똑같이 4로 나눈 것 중의 2라오.

그리고 부분 은 전체 를 똑같이 4로 나눈 것 중의 3이라오."

사냥꾼은 잠시 생각에 잠기더니, 지금까지 죽인 동물들을 그림으로 그려서 넷으로 나누기 시작했습니다.

"그렇다면 부분 은 전체 를 똑같이 4로 나눈 것 중의 3이로군요. 그리고 이 부분 은 전체 를 똑같이 4로 나눈 것 중의 2이고요."

종이 속의 동물들이 굵은 눈물을 뚝뚝 흘리는 것만 같았습니다.

사냥꾼의 얼굴에도 슬픔이 점점 차올랐습니다. 사냥꾼의 두 볼로 눈물이 흘러내렸습니다.

"할머니, 저 동물들을 위해 제사를 지내 주고 싶습니다."

할머니는 고개를 끄덕여 보이고는 제사 음식을 만들기 시작했습니다.

소녀와 사냥꾼이 할머니를 도왔습니다.

"할머니, 떡 전체를 3으로 나눈 것 중의 2는 빨간 떡이네요."

소녀가 말했습니다.

"나물 전체를 2로 나눈 것 중의 1은 고사리이고요."

"녹두전 전체를 2로 나눈 것 중의 1에만 고명을 얹었네요."
이번에는 사냥꾼이 아는 척을 했습니다.

"이 부침개는 전체를 4로 나눈 것 중의 1에만 고추를 올렸고요."

"자, 이제 제사를 지내 봅시다."

바리데기 할머니는 술과 떡, 과일을 상 위에 올려놓은 뒤 향을 피웠습니다. 그리고 사냥꾼에게 동물들의 부분들을 그렸던 종이를 태우라고 했습니다.

사냥꾼이 활활 타오르는 향로에다 종이를 집어넣자 놀라운 일이 벌어졌습니다.

글쎄, 동물들의 각 부분들이 연기속에서 나타나더니 점차 자라나 온전한 동물들의 모습으로 변한 것입니다. 꼬리가 청설모로 변했고, 발톱은 노루로 변했습니다. 뿔은 멧돼지로 변했고, 깃털은 오리랑 토끼로, 부리는 꿩으로 변했지요.

사냥꾼은 눈앞에 나타난 동물들을 보자 눈물을 뚝뚝 흘렸습니다.

"얘들아, 내가 너희를 사냥하지 않으면 돈을 벌 수가 없었어. 안 그러면 가엾은 내 자식들이 굶주리게 될 테니 어쩔 수가 없었단다. 나를 이해해 다오."

사냥꾼이 진심으로 용서를 빌자, 동물들의 모습이 눈 녹듯 스르르 사라졌습니다.

사냥꾼은 휘둥그레진 눈으로 주위를 두리번거렸지요.

"동물들이 다 어디로 간 거죠?"

"자네를 용서했나 보오. 사람이 살아가려면 어쩔 수 없이 사냥을 해야하지만, 자네는 한꺼번에 너무 많은 짐승을 죽였어."

"네, 알고 있습니다."

"가서 염라대왕에게 그 죄를 빌어 보시오. 단, 진심으로 빌어야만 하오."

"꼭 그리하겠습니다."

사냥꾼은 할머니를 보며 손등으로 눈물을 훔쳤습니다.

그러자 할머니는 사냥꾼에게 국밥 한 그릇을 내어 주었습니다.

사냥꾼은 허겁지겁 국밥을 먹기 시작했습니다.

"정말 맛있네요!"

"그 국밥 속엔 당신의 행복한 기억이 들어 있다오. 그걸로 양념을 해서 더 맛있는 게지."

국밥 한 그릇을 뚝딱 먹어 치운 사냥꾼은 기운을 내서 염라대왕이 사는 궁궐을 향해 떠났습니다.

밖에는 비바람이 몰아치고 있었지만, 사냥꾼은 망설이지 않고 씩씩하게 걸어 나갔습니다.

할머니는 한참 동안 문을 열어 둔 채로 멀어져 가는 사냥꾼의 뒷모습을 바라보았습니다.

소녀는 그런 할머니를 바라보다가 물었습니다.

"할머니, 저는 이제 어떻게 되나요?"

"글쎄다. 너는……."

할머니는 낮게 한숨을 내쉬었습니다.

세 번째 손님 이야기
'부분모여전체'
완두콩 밴드

분수

그때였습니다.

밖에서 복작복작하는 소리가 나더니 일곱 명의 사람들이 한꺼번에 할머니의 음식점을 찾아왔습니다. 사람들은 음식점 안으로 우르르 들어서더니 배가 고프다며 아우성쳤습니다.

할머니는 사람들을 빙 둘러보고는 무엇을 먹고 싶으냐고 물었습니다.

그러자 사람들이 앞을 다투어 말했습니다.

"난 국수!"

"난 삼겹살!"

"난 찌개가 먹고 싶은데."

"자자, 우리 이러지 말고 메뉴를 통일합시다. 그래야 음식이 빨리 나올 게 아니오."

"싫어, 난 내가 먹고 싶은 걸 먹고 말겠어!"

사람들이 아옹다옹했습니다.

"지금 줄 수 있는 건 완두콩 수프밖에 없다오."

바리데기 할머니가 뚝 잘라 말했습니다.

그러자 연주자들은 수프 말고 다른 게 없냐며 투덜거렸습니다.

그러거나 말거나 할머니는 부엌으로 천천히 걸어갔습니다.

식탁 앞에 모여 앉은 일곱 명이 웅성웅성 이야기를 하기 시작했습니다.

"우린 이미 죽은 거지?"

"몇 번을 말해. 아까 우리가 탄 버스가 교통사고를 당하는 바람에 우리 모두 죽고 말았다니까."

"아, 사람들 앞에서 멋진 드럼 연주를 해 보고 싶었는데!"

"난 노래도 제대로 불러 보지 못했어."

"어차피 우리 연주는 엉망이니까 오히려 잘된 일일지도 몰라. 사람들한테 망신을 당하는 것보단 이게 나아."

일곱 명의 밴드 연주자들은 이승에서 별로 유명하지 못했다고 합니다. 연주 실력이 엉망이니 인기가 없을 수밖에요. 한 사람씩 따로 연주를 하면 정말 솜씨가 좋은데, 이상하게도 함께 합주만 하면 엉망진창인 음악 소리가 나오는 것입니다.

일곱 명의 밴드는 자기들의 합주가 왜 엉망인지 이해가 가지 않는다며 투덜거렸습니다.

"나는 그 이유가 뭔지 알 것 같은데……."

부엌에서 음식을 준비하던 할머니가 중얼거렸습니다.

노래를 부르는 사람이 귀를 쫑긋하고서 외쳤습니다.

"할머니, 그 이유가 뭔가요?"

"왜 그런 거죠?"

"궁금해 미치겠어요!"

일곱 명의 밴드 연주자들이 한꺼번에 소리쳤습니다.

그러자 바리데기 할머니는 망설이다가 콩깍지가 담긴 바구니를 들고 나왔습니다.

"이 콩깍지를 까 보게나."

밴드 연주자들이 콩깍지를 깠더니 그 속에 빨간 콩, 주황 콩, 노란 콩, 초록 콩, 파란 콩, 남색 콩, 보라 콩, 일곱 개의 완두콩이 들어 있었습니다. 빨주노초파남보 일곱 색깔의 무지개 콩은 무척 아름다웠습니다. 마치 반짝이는 보석 같았지요.

"이건 무지개 콩이라네. 완두콩은 한 부분이고, 콩깍지는 전체지. 완두콩 중에서 어느 하나라도 빠진다면 콩깍지를 만들 수 없어. 한 부분이 빠지면 전체가 만들어질 수 없는 것처럼 말이네. 부분이 모여야 전체가 만들어지는 거라네."

"한 부분이라도 빠지면 전체가 만들어질 수 없고, 전체가 되려면 부분들이 다 있어야 한다고?"

일곱 명의 밴드 연주자들은 고개를 갸웃했습니다.

그러자 바리데기 할머니는 완두콩을 냄비에 넣고 끓이며 말했습니다.

"내가 보기엔 자네들은 무지개 콩과 똑같네. 함께 돋보여야 아름다운 무지개 콩을 만들 수 있지 않겠나."

할머니는 일곱 명의 연주자들이 자기만 돋보이려고 잘난 체하며 연주를 하니까 음악이 엉망인 거라고 말했습니다. 부분 부분이 서로 잘 어우러져야 전체가 아름다워지기 때문입니다.

"할머니, 우린 정말 최선을 다했어요."

"맞아요, 하나가 되려고 엄청 노력했다니까요."

"우린 밥도 같이 먹었어요."

"잠도 같이 잤어요."

"심지어 화장실에 갈 때도 같이 다녔어요!"

일곱 명의 밴드 연주자들은 저마다 볼멘소리를 했습니다.

"쯧쯧, 전체가 하나로 붙어 있어야만 부분으로 나눌 수 있는 것은 아니라네. 하나하나 나뉘어 있는 것도 부분으로 나눌 수 있어. 예를 들어 볼까? 색연필 한 묶음은 여러 색으로 하나하나 나뉘어 있잖나. 여러 가지 색깔의 색연필을 모두 모으면 색연필 한 묶음이 되고. 블록도 마찬가지네. 블록은 하나하나 나뉘어 있지만 여러 가지 모양의 블록을 다시 모으면 블록 전체가 되지."

할머니는 초록 완두콩을 반으로 나누었습니다. 그리고 하나를 들어 보였지요.

"이건 초록 완두콩 두 조각 가운데 하나네. 이걸 뭐라고 하겠나?"

"음······."

"이걸 $\frac{1}{2}$이라고 쓰고, '이분의 일'이라고 읽지."

할머니의 말에 일곱 명은 모두 고개를 끄덕였습니다.

"자, 그럼 이건 뭐라고 하겠나?"

이번에 할머니는 초록 완두콩을 세 조각으로 나누고 두 개를 들어 보였습니다.

"완두콩 전체를 3으로 나눈 것 가운데 2니까……. $\frac{2}{3}$이라고 쓰고 '삼분의 이'라고 읽겠군요."

"그렇지, 그렇지!"

할머니가 고개를 끄덕였습니다.

밴드 연주자들은 $\frac{1}{2}$, $\frac{2}{3}$, $\frac{3}{4}$처럼 $\frac{\text{부분의 수}}{\text{전체를 똑같이 나눈 수}}$를 '분수'라고 한다는 것을 금방 이해했습니다.

$$분수 = \frac{▲}{□} = \frac{(부분의 \ 수)}{(전체를 \ 똑같이 \ 나눈 \ 수)}$$

"분수는 '전체를 똑같이 나눈 수'를 밑에다 쓰고, '부분인 수'를 위에다 쓰는 거라네."

"그럼 전체를 똑같이 4로 나누었다면 가로선 아래에 4를 쓰고, 색칠한 부분이 3이니까 가로선 위에 3을 쓰는 거네요. 그런데 이걸 뭐라고 읽지요?"

기타를 멘 아저씨가 잘 이해가 안 돼 물었습니다.

"분수를 읽을 때에는 가로선 아래의 수를 먼저 읽고, 가로선 위의 수를 나중에 읽으면 되네."

$$\frac{\blacktriangle}{\square} \rightarrow \square 분의 \blacktriangle$$

"제가 읽어 볼게요. 가로선 아래의 수는 4이고, 가로선 위의 수는 3이네요. 그러니까 $\frac{3}{4}$ 은 '사분의 삼'이라고 읽어요."

"잘했네."

그때 손님들이 갑자기 많이 들어왔습니다.

"내가 좀 바쁜데 음식 만드는 걸 도와줄 수 있겠나?"

소녀와 밴드는 기꺼이 할머니를 도와 부엌에서 일하기 시작했습니다.

"이건 $\frac{3}{7}$만큼만 양념을 해야 하네. $\frac{3}{7}$에서 전체를 똑같이 나눈 수는 뭐지?"

"7입니다."

"$\frac{3}{7}$에서 양념을 해야 할 부분의 수는 뭔가?"

"3입니다."

"맞았네. 이제부터 $\frac{3}{7}$을 양념해 보게나."

밴드 연주자들은 음식을 똑같이 7로 나누고 3만큼 양념을 했습니다.

전체를 7로 나눈 것 중의 3

"얘야, 너는 이것을 $\frac{5}{8}$ 만큼 나눠 보려무나."

소녀는 음식을 똑같이 8로 나누고 5만큼 할머니에게 가져갔습니다.

전체를 8로 나눈 것 중의 5

"북 치는 양반, 이걸 $\frac{1}{3}$ 만큼만 내게 주게나."

북 치는 아저씨는 턱을 매만지며 잠시 고민했습니다. 하지만 할머니가 가르쳐 준 대로 생각해 보니 답이 떠올랐습니다.

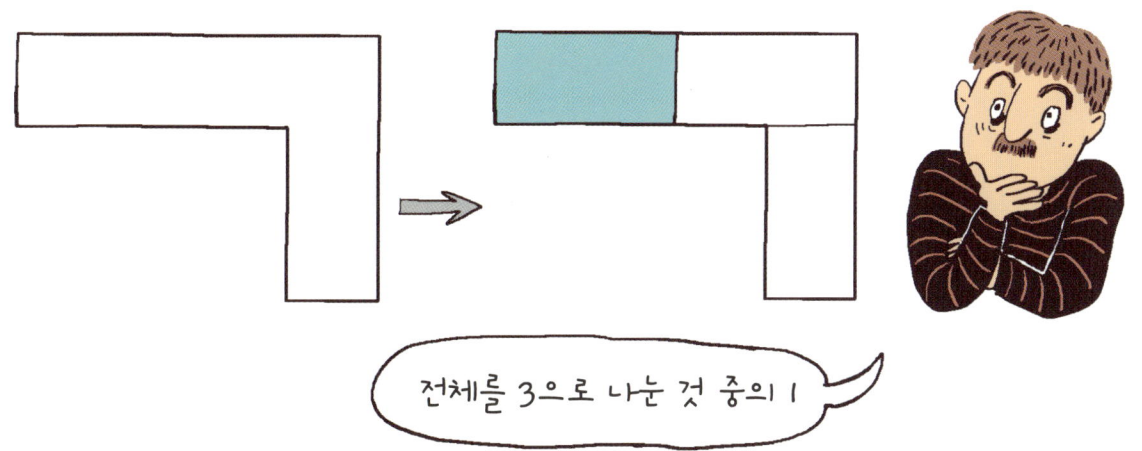

전체를 3으로 나눈 것 중의 1

"전체에서 부분의 크기를 분수로 나타낼 때 이렇게 하면 쉽네. 첫 번째, 전체를 똑같이 몇으로 나누었는지 세는 거라네. 두 번째, 색칠한 부분이 몇 개인지 세는 거지. 세 번째, 똑같이 나눈 부분의 개수와 색칠한 부분의 개수를 분수로 나타내면 된다네. 자, 이것을 분수로 나타내 보게나."

할머니의 질문에 밴드는 고개를 갸웃거렸습니다.

"첫 번째, 전체를 똑같이 몇으로 나누었는지 세어 보게."

"5인데요."

"두 번째, 색칠한 부분이 몇 개인지 세어 보게."

"3이요."

"세 번째, 똑같이 나눈 부분의 개수와 색칠한 부분의 개수를 분수로 나타내 보게."

"$\frac{3}{5}$이요."

밴드는 노래를 부르는 것처럼 대답했습니다.

"해물전의 $\frac{1}{3}$을 수염 할아버지에게 갖다 드리고, 나머지는 진주목걸이를 한 아주머니에게 갖다 드릴 거라네. 자, 그러면 아주머니가 드실 해물전은 할아버지가 드실 해물전의 몇 배가 되겠나?"

할머니가 물었습니다.

소녀와 밴드는 종이에 그림을 그려 보았습니다.

"아주머니가 드실 해물전은 $\frac{2}{3}$예요!"

"아하! 할아버지가 드실 해물전보다 2배가 많아요!"

소녀가 할아버지와 아주머니에게 해물전을 갖다 드리자, 두 사람은 맛있게 먹었습니다.

"자, 이 음식은 자네들을 위해 만든 음식이라네."

할머니가 밴드 연주자들 앞에 완두콩 수프를 놓았습니다.

일곱 명의 연주자들은 허겁지겁 수프를 떠먹었습니다. 게 눈 감추듯 눈 깜짝할 사이에 수프 한 그릇이 비워졌지요.

연주자들은 배를 퉁퉁 두들기며 말했습니다.

"우리 마지막으로 연주 한번 해 볼까?"

"그거 좋지, 염라대왕에게 가기 전에 마지막으로 노래 한번 해 보자고."

쿵 짝짝 쿵 짝, 쿵쿵 짝짝 쿵 짝.

일곱 명의 밴드 연주자들은 바리데기 할머니와 소녀를 관객으로 두고 연주를 시작했습니다. 처음에는 삐삐, 뿌뿌, 악기 소리가 세고 요란하다 싶었는데, 점점 화음을 이루기 시작했습니다. 곧이어 그럴싸한 음악이 울려 퍼졌지요.

연주자들은 썩 만족스러운 듯 웃음을 지었습니다.

바리데기 할머니와 소녀는 아낌없이 박수를 쳤습니다.

연주자들은 어깨를 들썩이며 아름다운 연주곡에 빠져들었습니다. 가슴이 벅차올랐습니다. 할머니와 소녀는 연주자들

　을 보며 환하게 미소지었습니다.

　그 모습을 본 연주자들은 어깨를 으스대며 말했습니다.

"우리 연주 솜씨가 이렇게 대단한 줄 몰랐어."

"이 정도면 아주 훌륭해!"

"할머니, 고마워요. 이제부터 밴드 이름을 '부분모여전체'라고 바꿀게요."

　연주자들은 아주 기뻐하며 서로를 부둥켜 안았습니다.

　곧이어 연주자들은 악기를 주섬주섬 챙기더니 밖으로 나

갔습니다. 연주자들의 얼굴에 환한 웃음이 번졌습니다.
　할머니는 말없이 그 모습을 물끄러미 바라보았습니다.

네 번째 손님 이야기
턱 빠진 뚱보 왕

분모가 같은
분수의 크기 비교

"아이고, 비가 그쳤구나."

어느새 비가 그치고 해가 쨍하니 떠올랐습니다.

할머니는 햇살이 반가운 듯 박수를 쳤습니다. 그리고 얼른 창문을 활짝 열고 싱그러운 공기를 식당 가득 들여놓았지요.

그 모습을 본 소녀도 할머니를 도와 창문을 열었습니다.

"오랜만에 대청소라도 할까?"

"제가 도울게요."

"오냐, 고맙다."

바리데기 할머니와 소녀는 대청소를 시작했습니다. 먼지가 폴폴 날리는 식당 안을 말끔히 쓸고 식탁, 의자, 그릇을 반질반질 윤이 나도록 닦았지요.

그렇게 청소를 한참 하고 있을 때였습니다.

"청소를 아주 잘하는구나."

"주말마다 엄마를 도와서 집 안 청소를 했거든요."

"저런, 아주 착한 딸이었구나."

할머니는 소녀의 머리를 쓰다듬었습니다.

그러자 소녀가 샐쭉 웃음을 지었지요.

할머니는 이렇게 착하고 예쁜 소녀를 저승으로 보내야 한다는 것이 가슴 아팠습니다. 바리데기 할머니는 안쓰러운 눈으로 소녀를 바라보았지요.

바로 그때였습니다.

"문이 왜 이렇게 좁아? 들어갈 수 없잖아!"

누군가 음식점 문 앞에서 버럭 고함치는 소리가 났습니다.

문 쪽을 내다보니 풍선처럼 금방이라도 터질 것 같은 뚱보 손님이 음식점 문에 끼어 버둥거리고 있었지요.

바리데기 할머니는 문에 낀 손님을 끌어당겼습니다.

"이차!"

"영차!"

소녀도 할머니를 도와 있는 힘껏 손님을 끌어당겼습니다. 끙끙대던 손님은 간신히 안으로 들어올 수 있었습니다.

식탁으로 뒤뚱뒤뚱 걸어간 손님은 거만하게 앉았습니다.

할머니는 '저러다 의자가 부서지면 어쩌지?' 하고 걱정스레 손님을 쳐다보았습니다.

그러거나 말거나 손님은 메뉴판을 달라고 소리쳤습니다.

소녀가 얼른 메뉴판을 갖다 주었습니다.

"가장 맛있는 게 뭐요?"

손님은 메뉴판을 제대로 보지 않고 다짜고짜 물었습니다.

"글쎄. 가장 행복했던 때를 얘기해 주시면……."

할머니가 대꾸하자, 뚱뚱한 손님이 버럭 소리쳤습니다.

"어허, 내가 누군 줄 알고 그렇게 함부로 말대꾸를 하는 게요? 나는 아주 큰 나라를 다스리던 왕이었소. 이 왕관을 보고도 모르겠소?"

뚱뚱한 손님은 품에서 번쩍번쩍하는 왕관을 꺼냈습니다.

아마도 그 손님이 가장 아끼던 것인 모양입니다.

"음식을 드시고 싶으면, 언제가 가장 행복했는지 얘기해 보시구려."

할머니는 손님을 살살 달래며 말했습니다. 뚱뚱한 손님이 몸부림을 치거나 힘을 주면 의자랑 식탁이 부서질 것 같아 그랬던 것이지요.

할머니가 염려한다는 걸 아는지, 뚱뚱한 손님은 눈을 감더니 으스대듯 이야기를 꺼냈습니다.

"난 뚱보 왕이라고 하오. 내가 다스리던 나라에는 엄청 많은 백성들이 살았지. 신하는 또 얼마나 많았는지 몰라. 내 밑으로 천 명의 신하, 만 명의 백성들이 있었다오. 난 하루 종일 내 멋대로 살았소. 온종일 침대에 누워 먹고 싶은 음식을 마음껏 먹었지! 내가 먹고 싶은 건 뭐든 명령만 하면 준비됐다오."

"그래서 뚱뚱해졌군."

바리데기 할머니가 중얼거렸습니다.

그 말에, 뚱보 왕이 실눈을 치켜뜨고는 할머니를 흘낏 노려보았습니다.

"흠흠, 계속해 보시게나."

할머니는 헛기침을 했지요.

"그래, 난 꼼짝도 안 하고 누워서 먹고 자고 먹고 자기만 했지. 필요한 건 뭐든 명령을 내렸소. 심지어 화장실에 가고 싶을 때면 '똥이 마렵다!'라고 소리치면 됐지. 그러면 변기를 든 시중 드는 하인들이 달려와 화장실을 만들어 줬거든."

"저런, 자네가 왜 죽었는지 알겠어. 게으름 병에 걸려 죽고 말았군."

뚱보 왕이 울상을 지었습니다.

"맞아. 난 너무 편하게 살다가 병에 걸려 죽고 말았지. 백성들을 위해서 한 일은 아무것도 없었어."

"후회되진 않으시오?"

"사실 후회는 조금 하고 있어. 하지만 나는 왕이야. 난 잘못한 게 아니야. 난 뭐든 내 마음대로 할 수 있다고! 그나저나 할멈, 왜 음식은 주지 않는 거요?"

뚱보 왕이 눈을 부릅뜨더니 음식을 달라고 떼쓰기 시작했습니다. 뚱보 왕은 당장 음식을 내어놓지 않으면 식당을 몽땅 부숴 버릴 기세였지요.

할머니는 왕을 달래며 말했습니다.

"알았소, 알았소. 음식을 준비해 줄 테니 말만 하시오. 무얼 먹고 싶으시오?"

"할멈, 난 세상에서 가장 배부른 요리를 먹어 보는 게 소원이오. 한 번 먹으면 백 년 동안 배고프지 않는 요리, 아무리 먹어도 배가 부르지 않는 요리를 먹고 싶소."

"쯧쯧!"

바리데기 할머니는 딱한 표정으로 왕을 쳐다보았습니다.

소녀도 마찬가지였지요.

하지만 뚱보 왕은 아랑곳하지 않았습니다. 왕은 당장 음식을 가져오라고 소리쳤지요. 왕의 권한으로 명령을 내리겠다

나요.

할머니는 한숨을 푹 내쉬고서 요리를 하기 시작했습니다.

소녀는 할머니를 돕겠다며 부엌으로 따라 들어갔습니다.

"고맙구나."

"뭘 도울까요?"

할머니는 소녀에게 채소를 썰어 달라고 부탁했습니다.

소녀가 뚝딱뚝딱 채소를 써는 사이, 할머니는 얼른 밀가루를 반죽했지요. 덕분에 요리는 평소보다 두 배나 빨리 나올 수 있었습니다.

"빨리 음식을 달라고!"

"다 됐소."

뚱보 왕이 소리치자, 할머니는 손바닥만 한 빈대떡을 내밀었습니다.

뚱보 왕은 '에게?' 하는 표정으로 빈대떡을 보았습니다.

"작다고 무시하지 마시게나. 이걸 여덟 조각으로 나눠 먹으면 평생 배가 고프지 않을 거요."

"흥, 작은 조각을 먹으면 무슨 맛이 있겠어. 모름지기 음식은 큰 걸 먹어야 하는 거라고."

"안 돼요. 반드시 여덟 조각으로 나눠 먹어야 소원이 이루어진다네. 내 말 명심하시게나."

그러나 뚱보 왕은 바리데기 할머니의 말을 무시하고 빈대떡을 한입에 집어삼키려고 했습니다. 뚱보 왕은 '아!' 하고 입을 크게 벌렸습니다. 에구머니! 그 바람에 뚱보 왕의 턱이 쑥 하고 빠져 버리고 말았습니다.

"에구구, 하머, 나 조 사려 주소."

뚱보 왕은 턱이 빠져 말도 제대로 못했습니다.

바리데기 할머니는 혀를 끌끌 차며 뚱보 왕을 쳐다보았습니다.

"사려 다라니까!"

"쯧쯧, 욕심 부리는 꼴을 보니 이렇게 될 줄 알았어."

바리데기 할머니는 주걱으로 뚱보 왕의 턱을 때렸습니다.

철썩!

에쿠!

뚱보 왕의 눈에 눈물을 그렁그렁 맺혔습니다. 그만큼 아팠던 게지요. 하지만 다행히 턱을 한 대 맞고 나니, 빠졌던 턱이 제자리로 돌아왔답니다.

"휴, 살았다."

숨을 몰아쉰 뚱보 왕은 다시 빈대떡을 먹으려고 했습니다. 할머니는 얼른 빈대떡 접시를 빼앗으며 말했습니다.

"이건 반드시 여덟 조각으로 나눠 먹어야 한다니까."

"이 작은 걸 여덟 조각으로 나누면 더 작아질 게 아니오. 그걸 누구 코에 갖다 붙이겠소."

"어허, 모르는 소리. 아무리 잘게 잘라도 양은 달라지지 않는다오. 빈대떡을 똑같은 크기의 조각으로 자르려면 먼저 중간을 잘라야 하오. 한 번 자르면 두 조각이 되고, 또 한 번 자르면 네 조각이 될 거요. 이렇게 자르면 자를수록 조각은 점점 많아져요. 그러나 양은 똑같다오."

바리데기 할머니는 빈대떡을 반으로 잘랐습니다. 그러자 두 조각이 됐지요.

할머니는 다시 두 조각을 반으로 잘랐습니다. 그러자 네 조각이 되었습니다.

그것을 다시 반으로 자르자, 이번에 여덟 조각이 되었지요.

그런데 할머니가 여덟 조각을 모두 모으자 신기하게도 원래 크기와 똑같아졌어요.

빈대떡을 한 번 자를 때마다 조각들의 크기는 반으로 작아졌지만, 조각들의 개수는 두 배씩 늘어났습니다.

"보시오. 빈대떡을 아무리 잘게 잘라도, 잘게 자른 조각들을 다시 모으면 큰 빈대떡 하나가 되는 거라오. 큰 빈대떡과 잘게 자른 조각들은 보기에는 달라도 양은 같아요."

"그렇군!"

바리데기 할머니가 빈대떡 여덟 조각을 뚱보 왕에게 내밀었습니다.

그 모습을 본 소녀는 투명한 컵에 우유를 각각 $\frac{2}{5}$ 와 $\frac{3}{5}$ 을 따라서 왕에게 내놓았지요.

"어떤 걸 드시겠어요?"

소녀가 묻자, 뚱보 왕은 더 많은 우유가 든 컵을 고르고 싶어 했습니다.

"어느 컵에 우유가 더 많이 들어 있는지 알겠소?"

바리데기 할머니가 묻자, 뚱보 왕은 고개를 저었습니다.

"그것도 모르면서 욕심만 부리다니! 분수없이(세상을 잘 보는 지혜가 없이) 살다 보니 분수도 모르는구려!"

바리데기 할머니는 사각형을 다섯 칸으로 나누고, 각 칸에 분수만큼 색칠을 해 보라고 했습니다.

$\frac{2}{5}$는 다섯 칸 가운데 2칸을 색칠해야 했고, $\frac{3}{5}$은 다섯 칸 가운데 3칸을 색칠해야 했습니다.

"이제 어떤 게 더 많은지 알 수 있겠소?"

바리데기 할머니가 물었습니다.

뚱보 왕이 아무 말이 없자, 할머니가 말했습니다.

"가로 선 아래의 수가 같을 때에는 가로 선 위의 수가 클수록 더 큰 분수라오."

"난 무조건 많은 걸 좋아했지. 얼마나 많은지 분수도 모르면서…… 아……."

빈대떡을 오물오물 씹던 뚱보 왕이 갑자기 울기 시작했습니다.

"내가 욕심만 부리지 않았어도 이렇게 죽지는 않았을 텐데. 이 빈대떡은 정말 세상에서 가장 맛있는 빈대떡이오. 할멈, 나는 할멈을 내 전속 요리사로 임명하겠소."

뚱보 왕은 요리사에게 줄 선물이 왕관밖에 없다며 자기 것을 내어놓았습니다. 화려한 왕관이 더욱 빛이 났지요.

"됐소. 나는 그냥 여기서 음식점이나 하고 살 거라오."

할머니는 뚱보 왕이 내민 왕관을 거절했습니다.

그러자 뚱보 왕이 고개를 숙이며 말했습니다.

"할멈, 그대가 나의 어리석음을 깨닫게 해 주었으니 이걸 받아 주시오. 이건 내가 마지막으로 할 수 있는 착한 일이오."

바리데기 할머니는 망설이다가 뚱보 왕의 왕관을 받아들었습니다.

뚱보 왕은 밖으로 나가 터덜터덜 걸어갔습니다. 뚱보 왕은 염라대왕을 만나 자기 죄를 달게 받겠다고 했지요. 어쩐 일인지 뚱보 왕의 무거운 걸음이 사뿐사뿐 가벼워 보였습니다.

할머니는 뚱보 왕이 저 멀리 사라질 때까지 물끄러미 바라보고 있었답니다.

"할머니……."

소녀가 조심스럽게 할머니를 불렀습니다.

"저는 이제 어쩌면 좋죠?"

"너는……."

바리데기 할머니는 소녀를 염라대왕에게 보내야 할지 말지 결정을 내리지 못했습니다. 염라대왕에게 데려간다면 소녀는 엄마가 있는 곳으로 영영 갈 수 없을 테니까요.

"아가, 네가 죽은 건 확실한 게냐? 어쩌다가 이리 오게 됐는지 기억을 해내야 할 텐데!"

할머니가 안쓰럽게 물었습니다.

소녀는 고개를 숙였습니다. 소녀는 아무것도 생각이 떠오르지 않는다며 괴로워했지요.

그때였습니다.

갑자기 소녀가 머리를 움켜쥐고 고통스러워했습니다.

놀란 할머니는 발을 동동 굴렀습니다.

그러자 소녀가 고통스러운 듯 얼굴을 찌푸리며 이야기했습니다.

"할머니, 생각이 나는 것 같아요. 비가 엄청 오던 날 밤이었어요. 공장에서 일하는 엄마가 비를 맞고 오실까 봐……. 엄마한테 우산을 가져다주려고 가고 있었어요. 그런데 그만 교통사고가 나고 말았어요."

"저런!"

할머니는 소녀를 안타깝게 바라보았습니다.

"저는 병원에 누워 있었어요. 중환자실에 있었지요. 저더러 얼른 일어나라며 우는 엄마를 봤어요. 그런데 전……."

바리데기 할머니는 얼른 부엌 뒤쪽으로 가서 항아리를 가져왔습니다.

그 항아리는 이승 세계를 비추는 거울이었습니다. 그 거울을 통해서라면 이승에서 일어나는 일을 훤히 볼 수 있답니다.

할머니는 소녀가 누워 있는 병실을 비추어 보았습니다.

그러자 산소 호흡기를 꽂은 채 누워 있는 소녀가 보였습니다.

"예솔아, 정신 차려. 엄마만 두고 가면 안 돼!"

소녀의 엄마가 애타게 부르는 모습이 보였지요.

할머니는 물끄러미 그 모습을 바라보았습니다.

"네 엄마가 지금 널 애타게 부르고 있구나."

"아아!"

소녀는 항아리 속에 비친 자기 모습을 보고 털썩 주저앉았습니다. 소녀의 눈에서 눈물이 줄줄 흘러내렸지요.

"에구, 불쌍한 것."

할머니는 소녀에게 저승을 빠져나가는 길을 알려 주고 싶었습니다. 소녀가 엄마와 다시 만나 행복하게 사는 모습을 보고 싶었던 것입니다.

하지만 할머니도 저승 문을 다시 빠져나가는 방법까지는 알 수가 없었습니다. 그건 오로지 염라대왕의 심부름꾼인 저승사자만 알고 있는 일이기 때문입니다.

"이 일을 어쩐담······."

할머니가 망설일 때였습니다.

식당 안으로 누군가 들어오는 게 보였습니다. 바로 검은 도포에 삿갓을 쓴 저승사자였지요.

"오, 오셨소?"

할머니는 서둘러 저승사자를 맞았습니다.

소녀는 멀뚱하니 서서 저승사자를 바라보았지요.

"이 아이는 누군가?"

저승사자가 할머니를 쏘아보며 물었습니다.

"엊그제 죽은 아이인데 기억이 없어 밥을 먹일 수가 없었다오."

"저런."

"서둘러 기억을 찾아 줄 터이니 걱정 마시게."

저승사자는 소녀를 찬찬히 훑어보았습니다.

할머니는 서늘한 표정으로 그 모습을 지켜보았지요.

"어쩌다 죽었는지 기억을 못 하는 모양이지?"

"그런가 보오."

저승사자는 자기가 소녀를 염라대왕에게 직접 데려다 주겠다고 했습니다.

바리데기 할머니는 그럴 필요까진 없다며 손을 휘휘 저었습니다.

"일을 어찌나 야무지게 하는지, 당분간 여기서 기억을 찾을 때까지 나를 도와달라고 부탁했다오."

저승사자가 수상한 낌새를 눈치챈 듯 할머니를 흘낏 노려보았습니다.

"오래 머물러선 안 되는데…….."

"당분간이오, 당분간."

할머니는 저승사자가 좋아하는 멧돼지고기 요리에 막걸리를 내놓았습니다.

저승사자는 군침을 흘리며 음식을 먹기 시작했습니다.

할머니는 슬그머니 저승사자의 눈치를 살피다가 조심스레 물었습니다.

"그런데 저승사자 양반, 죽은 사람이 다시 저승 문을 빠져나갈 방법은 없소?"

"없지. 없고말고."

"전혀 없는 거요?"

할머니가 저승사자에게 막걸리를 따라 주며 물었습니다.

저승사자는 막걸리를 연달아 들이키고서 얼큰하게 취해 말했습니다.

"딱 하나, 방법이 있긴 한데 그건 나 같은 저승사자밖에 모르는 방법이라오."

"그게 뭐요?"

"저승의 문을 지키는 개가 있다는 건 알고 계시지요?"

저승 문 앞에는 커다란 개 한 마리가 있습니다. 머리가 아홉 개나 달린 무시무시한 괴물 개지요. 그 개는 오로지 저승사자의 말만 듣는 사나운 개랍니다.

"그 개가 앉은 자리에서 열 걸음 비켜서면 저승 문이 열린다오. 그때 재빨리 저승 밖으로 빠져나가면 이승으로 돌아갈 수 있지."

"그런 방법이 있었군!"

"하지만 어림없다오. 그 개는 내 명령이 떨어지기 전엔 절대 움직이지 않으니까."

이렇게 말한 저승사자는 탁자에 머리를 툭 박고서 드르렁드르렁 코를 골기 시작했습니다. 술에 취해 잠이 든 것입니다.

"얘야, 좋은 수가 생겼구나. 나를 좀 도와주거라."

할머니는 닭고기를 노릇노릇하게 구워서 거기에다 꿀을 잔뜩 바르고, 그 위에 달콤한 슈가 파우더를 뿌렸습니다. 그리고 연어를 통째로 삶아 으깬 다음 고기 아래에 깔아 두었지요. 할머니는 똑같은 음식을 아홉 개나 만들었습니다.

"할머니, 이거 누구한테 먹일 음식인가요?"

"그 머리 아홉 달린 개에게 줄 음식이란다."

할머니가 음식을 만드는 동안 소녀는 머뭇머뭇 망설였습니다. 할머니에게 고맙기도 하고 죄송하기도 해서 그랬지요. 그러다가 소녀에게 좋은 생각이 떠올랐어요.

"할머니, 제가 메뉴판을 새로 꾸며 드릴게요."

"메뉴판을?"

소녀는 메뉴판으로 쓸 도화지를 반으로 접어서 사각형 두 개를 만들었습니다.

"한쪽 사각형의 $\frac{1}{2}$을 노란색으로 색칠하고, 다른 한쪽 사각형의 $\frac{1}{4}$을 파란색으로 색칠할 거예요. 색연필 좀 빌려 주세요."

"그래? 어떤 색깔이 더 많이 필요하니?"

"그러니까……."

소녀는 $\frac{1}{2}$과 $\frac{1}{4}$ 가운데 어느 것이 더 큰 것인지 생각해 보았습니다.

2와 4를 비교하면 당연히 4가 더 큰 것인데, $\frac{1}{2}$과 $\frac{1}{4}$을 비

교했더니 $\frac{1}{2}$이 더 컸습니다.

  가로 선 위의 수가 1일 때에는 가로 선 아래의 수가 작을수록 더 큰 분수라는 것을 알게 된 것입니다.

"다 됐어요."

소녀가 새로 꾸민 메뉴판을 보여 주었습니다.

할머니는 눈시울을 적시며 기뻐했습니다.

"고맙구나, 고마워."

할머니는 이제 그만 저승 문을 향해 가자고 말했습니다.

소녀는 할머니를 따라갔습니다.

얼마나 걸었을까요. 눈앞에 커다란 저승 문이 보였지요.

그곳에는 저승사자가 말한 대로 커다란 몸집의 개 한 마리가 서 있었습니다. 그 개는 머리가 아홉 개나 달린 개로, 부리부리한 눈이 열여덟 개, 냄새를 맡을 코가 아홉 개, 소리를 들을 귀도 열여덟 개나 있었지요.

"애야, 간식을 가져왔단다. 이리 오렴."

할머니가 열 발자국 앞으로 가서 소리쳤습니다.

그러나 저승 입구를 지키는 개는 사납게 으르렁거렸습니다. 당장이라도 물어 버릴 것처럼요.

"참말 맛있는 거란다. 와서 냄새라도 맡아 보렴."

할머니의 말에 개가 코를 킁킁거렸습니다. 아홉 개나 되는

콧구멍이 동시에 벌렁벌렁, 기다란 혓바닥이 아홉 개나 동시에 날름날름!

"어서 와 먹으래도."

할머니의 말에 개가 앞발을 살짝 움직이는가 싶더니 이내 제자리로 돌아가 앉았습니다.

할머니는 딱 열 걸음 떨어진 곳에 쪼그리고 앉아서 개를 불렀습니다.

개는 군침을 질질 흘리며 할머니를 보았지요.

"먹고 싶을 텐데!"

"끄응!"

"네 주인에겐 비밀로 해 주마. 이리 와 먹으렴."

할머니의 말에 개가 한 걸음 앞으로 다가왔습니다.

할머니는 재빨리 소녀에게 눈짓했습니다.

소녀는 살며시 저승 문 앞으로 다가갔지요.

하지만 음식에 정신이 팔린 개는 소녀가 다가오는 소리도 못 들은 듯했습니다.

"이리 오너라. 어서! 이 먹음직스러운 음식이 아홉 개나 있

단다. 어서!"

할머니가 닭고기 요리를 흔들어 보였습니다.

저승 문을 지키던 개는 도저히 못 참겠다는 듯 단숨에 할머니 앞으로 달려왔습니다.

그 틈에 소녀는 재빨리 저승 문을 열고 달아났지요.

"아이고, 힘들다."

할머니는 얼른 음식점으로 돌아갔습니다.

그러자 술에서 깬 저승사자가 주위를 두리번거리고 있는 게 보였지요.

"할멈, 어디 갔었소?"

"뒷간에 갔다 왔지."

"그 여자애는 어디로 간 거요?"

"여자애라니?"

할머니는 시치미를 뚝 떼고 말했습니다.

"일을 하도 잘해서 데리고 있고 싶다던 그 여자애 말이오. 방금 전까지 할멈을 거들어 주던 그……."

"어허, 이보게. 자네, 술에 취해 헛것을 본 모양이로군."

할머니의 말에 저승사자는 머리를 긁적거렸습니다.

그 사이, 부엌으로 들어간 할머니는 이승을 볼 수 있는 항아리 속을 물끄러미 들여다 보았습니다.

소녀가 누워 있던 병실에 한바탕 소란이 벌어진 듯했습니다. 숨을 멈추었던 소녀가 언제 그랬냐는 듯 벌떡 일어났으니 그럴 만도 했겠지요.

"우리 예솔이가 살아났어요!"

엄마가 기뻐 어쩔 줄 모르는 모습이 보였습니다.

눈을 뜬 소녀가 두리번거리는 모습도 보였지요.

할머니는 항아리 거울을 얼른 감추었습니다. 할머니의 입가에는 빙그레 미소가 번졌답니다.

쉿, 바리데기 할머니가 소녀를 되돌려 보낸 건 우리끼리만 아는 비밀이에요. 절대 다른 사람의 귀에 들어가게 해선 안 돼요. 그랬다간 저승의 율법을 어긴 죄로 바리데기 할머니가 큰 벌을 받게 될지도 모르니까요. 알았지요?